O tesouro de Zelita

Zelita, a joaninha, vivia bem sossegada no caule de um cogumelo, onde fez sua casa. Toda manhã, ela saía para dar uma volta pelas redondezas. Alimentava-se de umas frutinhas deliciosas, banhava-se nas águas do riacho e sobrevoava as flores para tomar néctares.

Nesses passeios, ela encontrava suas amigas prediletas: a saúva, a centopeia e a libélula.

As quatro eram muito unidas e sempre tinham novidades para contar.

Um dia, quando estava saindo, Zelita se deparou com uma pedra bem grande próxima à porta de entrada de sua casa. Mas não era uma pedra comum; ela brilhava tanto sob os raios do sol, que nem dava para admirá-la por muito tempo, pois os olhos começavam a arder.

Zelita foi correndo contar a novidade para suas amigas, e naquele dia não houve passeio, pois elas quiseram ver de perto a tal pedra brilhante e ali permaneceram por muito tempo.

O senhor Besouro, que era sábio e experiente, foi chamado para explicar o que era aquilo. Ficou circulando em volta da pedra, que era quase do tamanho de seu corpo, e disse, depois de muito observar:

– Trata-se de uma pedra preciosa. Acho que alguém a perdeu, e a enxurrada após a chuva que caiu à noite a trouxe para cá.
– Ela tem muito valor? – perguntou Zelita.
– Sim. Vale uma fortuna – respondeu o senhor Besouro.
– Oh!!! – disse Zelita. – Quer dizer que agora eu sou rica?
– Muito rica – confirmou o sábio Besouro. – Por isso, é bom tomar cuidado com os ladrões.

Zelita se tornou solitária e se irritava com facilidade. Além disso, sem se alimentar nem dormir direito, foi perdendo a saúde. Seu rosto ficou cheio de rugas, e as bolinhas coloridas de suas asas ficaram desbotadas e sem brilho.

Um dia, preocupadas com a amiga, a saúva, a centopeia e a libélula foram visitá-la e disseram:
– Zelita, você precisa sair de casa, voltar aos passeios matinais...
– De jeito nenhum! – ela gritou. – Vocês estão querendo que eu saia para roubarem o meu tesouro. Sumam daqui, suas invejosas! – e, com o porrete nas mãos, botou as amigas para correrem.

Depois que tinha ficado rica, Zelita já não confiava em mais ninguém. Mas a saúva, a centopeia e a libélula não eram de desistir facilmente. Procuraram o senhor Besouro e pediram orientação para ajudar a companheira.

– Zelita está com uma doença chamada "avareza". Quem sofre disso não consegue se desgrudar dos bens que possui – ele explicou.

– E é grave? – as três perguntaram ao mesmo tempo.

– Gravíssimo – disse o senhor Besouro. – A avareza pode até matar.

– E como podemos ajudá-la? – indagaram aflitas.

– Fiquem por perto. Não a abandonem – respondeu ele. – Tenho certeza de que, a qualquer momento, essa história vai mudar.

E o senhor Besouro provou ser mesmo um grande sábio. A enxurrada na próxima chuva que caiu arrastou a pedra para bem longe dali e a enterrou na lama. Quando Zelita acordou e não viu o seu tesouro à entrada da casa, saiu gritando desesperada:
– Socorro! Fui roubada! Levaram minha pedra brilhante!

A saúva, a centopeia e a libélula, que não tinham mesmo abandonado a amiga, ouviram os gritos, aproximaram-se dela e disseram:
– Calma, Zelita! Venha conosco. Nós vamos ajudá-la a reencontrar o seu tesouro.
Pegaram a chorosa joaninha pela mão e saíram caminhando. De repente, a saúva falou:
– Veja, Zelita, aquelas frutinhas de que você tanto gosta. Olhe como estão maduras!
A boca de Zelita se encheu de água. Afinal, fazia tempo que ela não se alimentava. Então ela comeu, comeu e comeu, até se empanturrar.

Mais adiante, a centopeia falou:
– Veja, Zelita, aquelas flores. Elas devem estar com néctares deliciosos!
Novamente a joaninha não resistiu. Abriu as asinhas, bateu-as ligeiramente, voou para o alto das flores e tomou todo o néctar que conseguiu.
Caminharam mais um pouco, e a libélula disse:
– Zelita, por que você não se refresca nas águas do riacho? Está fazendo muito calor.
– Boa ideia – disse a joaninha cheia de ânimo.

Correu para a beira do rio e começou a se banhar, agitando as asas e as patinhas nas águas limpas e frescas. A essa altura, a preocupação, o mau humor e a desconfiança tinham desaparecido. O rosto desenrugou, o sorriso voltou a se abrir e as bolinhas nas asas da joaninha haviam retomado as cores e o brilho. Ela estava feliz, como nos velhos tempos.
Quando as amigas a chamaram para continuarem a procurar a pedra, Zelita respondeu com firmeza:
– Eu já reencontrei meu tesouro. – Abriu as patinhas como se abraçasse a paisagem à sua volta e completou:
– Esta é a maior riqueza que alguém pode querer: saúde, alegria, liberdade...

Chamou as amigas para perto de si, abraçou-as e falou emocionada:
– E o mais importante de tudo: essa amizade sincera que vocês demonstraram ter por mim.
A saúva, a centopeia e a libélula ficaram felizes ao ver que Zelita estava curada da avareza. A partir daquele dia, as quatro amigas se tornaram ainda mais unidas e nunca mais se ouviu falar na tal pedra brilhante, que foi capaz de provocar uma doença tão grave.

*Onde estiver o seu tesouro,
aí também estará o seu coração.*

Jesus